# 正しく学ぼう
# 点字ブロックと白い杖・盲導犬

## 発刊にあたって

　点字ブロックと白い杖、そして盲導犬の利用方法については、視覚に障害のない人たちにとってはまだまだ身近なものとして認識されていません。これらを正しく学んでいただければ、視覚に障害のある人の通行や歩行を妨げないことの大切さを理解し、気軽に声かけまでできるようになり、共に支えあう社会へとつながることでしょう。一方、視覚障害の人が、これらを正しく学ぶということは、より安全な歩行訓練や移動での身を守る手段として役立つことでしょう。

　執筆に当たっては、各分野のエキスパートにお願いしましたので、わかりやすい解説書になっています。多くの読者の方に愛用され、実践されることを望んでおります。

　最後に、本書の作成にあたり、ご助成賜りました一般財団法人日本宝くじ協会並びにご協力いただいた皆様に御礼申し上げます。

社会福祉法人　桜雲会

## 目　次

| | | |
|---|---|---|
| Ⅰ | 点字ブロック | 2 |
| Ⅱ | 白杖をいつも大切に | 8 |
| Ⅲ | 白杖を使用した歩行訓練 | 11 |
| Ⅳ | 盲導犬の意義と必要性について | 13 |
| Ⅴ | 視覚障害者を取り巻く制度 | 16 |
| Ⅵ | 見えずとも歩み続ける私たち | 18 |
| | 監修の言葉 | 26 |

# Ⅰ　点字ブロック

　視覚障害者が外出するとき、点字ブロックは、なくてはならない道しるべ、方向を定め、目的地を確定させ、ときには危険から身を守る命綱ともなるものです。

## 1．点字ブロックとその歴史

　点字ブロックは、正式名称を「視覚障害者誘導用ブロック」といいます。このボツボツとした突起が、触って読む通常の点字とイメージが重なるところから、一般的に「点字ブロック」と呼ばれています。

　点字ブロックは、視覚障害者にとって安全で快適な移動を支援するための設備として、1965年（昭和40年）に、一般財団法人安全交通試験研究センター初代理事長の三宅精一氏によって考案されました。その2年後の3月18日、岡山県立岡山盲学校に近い国道周辺に世界で初めて敷設されました。と言いますから、約50年ほどの歴史を歩んできたことになります。

　筆者が、白い杖（以下、白《はく》杖《じょう》と言う）を使用しての独り歩きを始めた1973年（昭和48年）頃には、まだまだ駅ホームはもちろん道路上にもほとんど点字ブロックは敷かれていませんでした。筆者がＪＲ目白駅ホームを歩行中、ホームから転落して頭部を3針縫う大けがをしたのも、まだ点字ブロックもホーム柵も何もない、まさに「欄干のない橋」の上を歩いていたからなのです。奇しくも隣駅のＪＲ高田馬場駅で起きた、上野孝司さんの転落事故（Ｐ24参照）と同じ年です。

　点字ブロックは、現在、歩道・駅ホーム・公共施設だけでなく、民間の商店の出入り口近くなどで広く設置が進んでおり、その普及率は世界的にもトップレベルとも言われています。

　ところが、さまざまなタイプの点字ブロックが普及してしまったため、当事者である視覚障害者から統一してほしいとの要望が

出されました。これを受け、日本工業規格（JIS）として、2001年（平成13年）に、点字ブロックの形状を規定することになりました。現在では「視覚障害者誘導用ブロック設置指針」などに基づき、各自治体の条例等にしたがって設置されています。そして2012年（平成24年）、点字ブロックの国際規格は、日本のJISを基に、世界中の多くの国に広がっています。

## 2．点字ブロックの種類とその特徴
### （1）誘導ブロック（線状ブロック）

　「誘導ブロック」は、進行方向を4本の線で示しているブロックです。一般的には、「線状ブロック」とも呼ばれています。これは、線状ブロックの突起を足裏、あるいは白杖で確認しながら進むことができるように設置されています。

　JIS規格によれば、この点字ブロックは、「視覚障害者に対して、前方の危険の可能性もしくは歩行方向の変更の必要性を予告すること又は歩行方向を案内することを目的とし、足裏や白杖で触れることにより認知させる点状又は線状の突起」、ということになります。しかし、実際にはなかなか靴をはいた足の裏では、リアルタイムに点字ブロックを100％とらえることは容易ではありません。

　もう一つの問題点は、荷物が置いてあったり、スマートフォンを見ながら周りをまったく見ていない人たちが立ちはだかっていることです。点字ブロックにしたがって、誘導方向にスムーズに歩いているときに、こちらがぶつかったりすると「ああ、驚いた」などと言われて、「驚いたのはこっちのほう。点字ブロックに沿って歩いていたのに…」と言い返したくなります。

### （2）警告ブロック（点状ブロック）

　「警告ブロック」は、危険箇所や誘導対象施設などの位置を示すブロックです。点が並んでいる形状をしているため、「点状ブロック」とも呼ばれています。これは、文字通り注意すべき位置を示すブロックです。階段前、横断歩道前、誘導ブロックが交差する分岐点、バス停前、案内板前、障害物の前、駅のホ

ームの端などに設置されています。

　JISによれば、点状突起は「注意を喚起する位置を示すための突起で、大きさは30cm、点状突起の数は25（5×5）点を下限として、ブロックの大きさに応じて増やすことになっている」という決まりになっています。警告ブロックは、視覚障害者の側でも、「そろそろ建物の玄関だから」という予測がありますので、歩くスピードも落として探し始めます。この歩き方は、明らかに誘導ブロックを使ってリズムに乗って前に進むときとは異なります。

（3）エスコートゾーン

　近年、点字ブロックが進化して、横断歩道をまっすぐ渡るために、エスコートゾーンと呼ばれるものが敷設されるようになりました。横断歩道の中央部に点状の突起で直線をつけています。視覚障害者にとっては、道路をまっすぐ横断することはそう簡単ではありません。こちら側から向こう側に渡るまでに次第に斜めになってしまったり、音響信号機の音に惑わされて、ついつい音源のほう、つまり斜めに歩いて信号機やガードレールに激突したりという危険なこともあります。青信号の限られた時間の間に、向こう側まで後どれくらいあるかの確かな手ごたえもないまま渡るのは不安でなりませんでした。

（4）内方線付き点字ブロック

　駅ホームの線路側は、もっとも危険な場所です。1歩間違えば「死」に直結するからです。なんとしてもそれは防がなければなりません。そこで考えられたのが内方線付き点字ブロックです。これは、ホームの線路側から、黄色い点状ブロックがあり、その内側に1本の線状ブロックが付け加えられたものです。現在、ホームドアの設置が進められていますが、当然ながらすべての駅という訳にはいきません。その対策の一つとして、今後、1日の乗降客が1万人以上の駅ホームには、この内方線付き点字ブロックが敷設されることになっています。確かに内方線があれば、ホームの安全な側がはっきりしますので、この内方線をしっかりたどれば安心して歩くことができます。

## 3．駅ホーム上の危険

　ここで改めて駅ホーム上の危険についてまとめておきたいと思います。

　2016年夏、東京メトロ銀座線の青山1丁目駅で、盲導犬をつれた視覚障害者がホームから転落して亡くなるという悲惨な事故がありました。ホームの構造が一定ではないため、視覚障害者は一つひとつの駅でホームのどちら側に自分の乗りたい電車が入ってくるのか、ホームの端までの距離はどれくらいあるのか、次の駅で電車を降りたらどちらに向かって歩けば階段があるのかなど、常に考えを巡らせていないと単独歩行はできません。ホーム幅もまちまちですし、ホーム上に、階段とは別の段差があるところすら存在します。これは晴眼者（健常者）の歩き方とはまったくといってもよいほど異なっていると思います。

　たとえ点字ブロックがあっても内方線がなければ、そのどちら側がホームの端なのかは不確かですし、ホーム上には、よけて歩かなければならないものがさまざまあります。もしもホームの端に敷いてある点字ブロックが思っていたものと反対側だったら…、そこをそのまま歩き続けたらどういうことになるでしょうか。このような思い込みや勘違いは、どんなに単独歩行に熟練した視覚障害者でも、あるいは今日は無事だった人でも明日はどうか判らないというくらい、その都度、その場その場で起こりうる錯覚といってもよいでしょう。また、ホーム上においては、進入してくる電車の音はもとより、構内アナウンスをはじめ、いろいろな音を聞き分けることにはかなりの無理があります。今後、安全な駅ホームの開発のために、あらゆる分野のトータルな見直しが必要になってくるかと思います。

## 4．今後の課題

　このように、私たち視覚障害者にとって有用な点字ブロックも、問題点や課題が少なくありません。それは、当然のことです。点字ブロックが開発されて50年、町の中の道路状況も大きく様変わりしました。車いす使用者など他の障害者との関連や、後から開

発された音声サインと触知案内板との併用など、幅広い視点から考えなければならない課題がみえてきました。また、昨今の空間的・デザイン的ホールや、ミュージアムなどの建築物における誘導の仕方など、50年前には想像もしなかったような新しい課題が出てきています。

　しかし、視覚障害者にとっては、命の道しるべとなる点字ブロック、道に迷って不安になったとき、点字ブロックを見つけて良かった、助かったと思ったことが数え切れないほどあります。やっと駅舎の中に入って、足元にある点字ブロックが改札までの道を誘導してくれていると思うと、どんなにか安心して歩けるのです。また、反対に点字ブロックがあるからと安心して、改札口を入ろうとしたら、実は出口側で、入場するのにかなり苦労したこともあります。点字ブロックがあるからといって、まっすぐ進めないときや、危険な場所があると認識しなければならないという現実があります。この命綱の点字ブロックを今一度見直して、そのハード面、ソフト面ともども新たな提案をする時期がきているのではないでしょうか？

　視覚障害者が、いろいろな物にぶつかったり、自転車を倒したり、白杖を折ったりするトラブルも日常茶飯事です。点字ブロックはけっして万能ではありません。一般の道路を安全に歩くためには力を発揮しますが、駅ホームなどでの命がけの場面では、ホームドアその他音声案内、駅員などの誘導、何よりも多くの人たちの声掛けや見守りなど幾重にも重なりあった安心マップが広がることを願います。


※１．２．は社会福祉法人日本盲人会連合ホームページから引用。

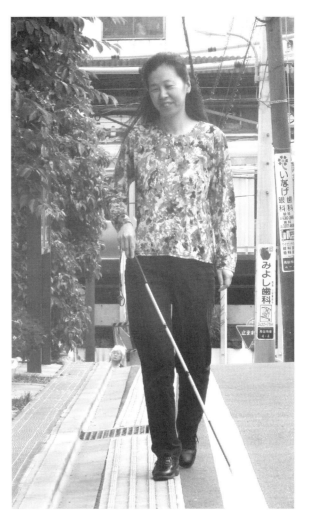

# Ⅱ　白杖をいつも大切に

## 1．白杖の役割と種類

　白杖には3つの役割があると言われています。1．視覚障害の方であることを示すシンボル的な役割。2．段差や路面の状況を把握するための探知機的な役割。3．前方にモノがあったときにまず杖が先に当たって体を衝突から避けるバンパー的な役割です。

　種類は、まっすぐな一本杖（直杖）と折りたたみができる杖があります。直杖は路面の状況を把握することに優れていることと、丈夫なことが特徴ですが、車に乗るときや建物の中に入って、椅子に座ったときなどでは杖の置き場所に困ることがあります。そのため外出先ではバッグに入れることができる折りたたみの杖が好まれます（最近では、体を支えることができる白杖もあります）。

## 2．折りたたみ杖を長持ちさせるポイント

　コンパクトに畳める杖はとても便利ですが、畳んでいるときにはゴムが伸びた状態になっています。そのため、畳んだままだとゴムが伸びきってしまいますので、ご自宅では杖を伸ばしゴムに負担がかからない状態にしていただくと長持ちします。

　折りたたみ杖を伸ばすときには、グリップを持ってそれ以外のパイプを放すとゴムの力でまっすぐに伸びて快適です。しかしパイプをつなぐジョイント部分がまっすぐ下の段に入らずに端に当たることがあります。このようなことが続くとジョイント部や次の段の先端が欠けてきて、手を怪我してしまう可能性があるほか、杖を畳んだときにギザギザになったパイプの角でゴムを傷つけ、使い続けるうちに切れてしまうことがあります。そのため杖を伸ばすときには片手でグリップを片手でパイプを持って1段ずつ伸ばしていくとゴムを傷つけることもなく、長持ちさせることができます。

## 3．杖が折れてしまうことも・・・

　折りたたみの杖の場合、強い力がかかるとジョイント部分や下の方のパイプが折れてしまうことがあります。杖が折れるほどの強い力はほとんどの場合、歩行者、自転車、時には自動車との衝突です。歩行者は駅、自転車は商店街など混雑していて急いでいる人が多い場所でぶつかることが多いようです。目が見える方は忙しい中でも白杖を持った方に配慮していただき、万一ぶつかってしまったときにはその後のフォローをお願いしたいと思います。

　ところで、杖が自転車などにぶつかったときには、杖を放してしまった方が安全といわれていることをご存知でしょうか？

　杖を握ったままでいると、杖とともに体が引っ張られて転倒してしまうことがあります。普段、命綱として使っている杖を放すのは心細い感じがあるかも知れませんが、さらなる災害を避けるためにも、手は放した方が安全です。すぐ手が放せるように杖の紐には手を通さないでください。

　さて、この突然のトラブル。杖が身代わりとなって折れてしまったときの対応は（事前の用意になりますが）、バッグの中にシンボルケーン（視覚に障害のあることを周りに知らせるための白杖。障害物を確認するためのものではないため、短かったり細かったりする）や以前使っていた杖を入れておく。あるいは杖の補強材を入れておくという保険的な方法になるかと思います。杖の補強材「やつはしくん」（販売、日本点字図書館。価格515円）は、アーチ状になった10センチほどの金属製の板2枚を添え木のイメージで折れた部分の両側に充て、付属の反射テープで固定する器具です。名称は京都の堅焼き煎餅に似ていることに由来します。長時間の耐久性はありませんが、応急的な補修には有効で、バッグの片隅に入れておくことができます。

## 4．白杖の修理

　ジョイント部分やパイプの真ん中で折れてしまった折りたたみの杖は、新しいパイプと交換し、点検のうえお渡ししています。新たな気持ちでご利用いただければと思います。

なお、杖が折れていなくても、ガタつくとおっしゃる方もいらっしゃいます。これはジョイントの受けの部分が擦れて削れてしまったことが原因で、残念ながらパイプを交換しても改善しません。このような杖は路面状況も把握しづらいので、新調することをお勧めいたします。

　白杖の修理はパイプ交換だけでなく、伸びてしまったゴム、磨耗してしまった石突、縁石にあたってボロボロになった反射テープ、古くなって柔らかくなったグリップ部なども交換することができます。

　この中で杖の先端の石突交換の事例は比較的多くあります。交換は引き抜くだけですが、固い場合、万力に挟んでプライヤーやペンチなどではずし、はめるときには、しっかり固定されるようにパイプにテープを巻いてはめています。石突はまっすぐなスタンダードタイプのほか、中心を軸に回転するローラー式のもの。クッション材の付いたパームチップと言われる石突などの種類があり、後者の二つは路面に引っかかりにくい石突として最近、利用する方が増えています。しかし、引っかかりにくい石突でも使用しているうちには磨耗しますので、やはり交換が必要となります。

　以上、白杖について、管理と修理を中心にご紹介しました。視覚障害者の外出の手助けとなる白杖がメンテナンスと危機管理でさらに頼れる相棒となりましたら幸いです。

　そして、目が見えるみなさんは、白杖を持っている人を見かけたら、進む先が安全かを見守っていただき困っている様子を感じたら「どちらに行かれますか？」「お手伝いしましょうか？」などとお声をかけていただけましたらありがたく思います。

## Ⅲ　白杖を使用した歩行訓練

　白杖を使用しての歩行訓練では、「安全」を一番に考えます。安全以外にも、効率性や美しい姿も訓練の中で配慮していく事項なのですが、すべてにおいて「安全」が最優先するという考え方をしています。
　その歩行訓練は、大きく二つの要素から成り立っています。
　一つ目は、白杖の操作法を含む移動方法の訓練です。よく白杖の操作法を習得することのみを歩行訓練と思っている方がいますが、訓練の一つではあってもすべてではありません。白杖の役割についてはすでに述べられていますが、その役割に沿った使用法があるわけです。
　体を危険から守るには、どのような使い方があるのか。体の前を白杖が横切っていることが求められますから、白杖の振り方も体の中心線を基点として、左右に均等に振るなど、おおかた決まってきます。また、路面などの情報を収集しなければならないのですから、ずっと浮かしているわけにもいかないのです。
　こうして、白杖の操作を習得することで、徐々に「単に移動する」ことが獲得できていくわけです。物に当たったらどうよけたらいいのか。曲がって道の端に寄ってしまったことがわかったとき、どう修正すればいいのか。
　さらには、どうやって道を渡るのか、信号機での横断のタイミングはどうとればいいのかなど、街の中で「移動する」項目を習得していくことが一つの要素です。
　しかし、これだけでは目的地に到達することはできません。散歩であろうと、家の近所へのゴミ出しであろうと、常に目的地はあるわけです。そして、人は目的地に向かうとき、意識しているか否かにかかわらず、常に自分のいる位置を確認しています。そして、当然のこととしてこれから向かう先のことも考えています。
　これは視覚障害のあるなしには無関係です。ただ、視覚に障害のない場合には、その際の確認手段がほとんど「見ること」であるのに対し、視覚障害がある場合には「見ること」以外で確認す

ることが必要になります。歩行訓練では、「見ること以外」で、どう確認を行っていくのか、さらには、どう頭に地図を描き、獲得してきた情報とつき合わせて、目的地に到達するかを訓練することになります。

　これが第2の要素です。音の聞こえ、白杖にあたる物の感覚、風、匂い。すべてがヒントになります。ただ、特に中途での視覚障害の方の場合、そうしたことに慣れていないので、非常に困難を極めます。自分が獲得している情報を、どう処理していくのか、これにはやはり訓練が必要なことが多いし、訓練を受けることでより効率的な処理法が身に付くとも言えます。

　また、最近はロービジョンといわれる方が増えてきました。こうした方々は保有視覚があるのですから、その視覚をいかに有効に利用していくかも課題となっています。

　歩行訓練は、安全性を大前提に、「行きたいところへ」「行きたいときに」、「人の都合に左右されずに」行くことを目的としています。ですが、すべてを一人で行うこととは違います。必要に応じて支援を受けることも否定しませんし、ときによっては支援を受けることを推奨さえします。自分ができるのはどこまでで、どの部分は支援を受けたほうがよいのか。そうした判断も訓練の中で培われていくことが大切なのです。

# Ⅳ 盲導犬の意義と必要性について

　視覚障害者の歩行は常に危険と背中合わせです。いつ落ちるか、いつぶつかるかとひやひやしながら歩いていると言っても過言ではありません。
　しかし、盲導犬歩行では犬が危険を避けながら歩きますので、歩行時に感じるストレスは、かなり軽減できます。また、歩行の速度も白杖歩行に比較して速く歩けますし、風を切って歩くことができます。ただ、よく勘違いされるのですが、盲導犬に目的地を知らせれば了解とばかりそこまで連れていってくれるわけではありません。
　私たちは、盲導犬と歩くとき、よく「2人5脚」で歩くと表現しています。本来人の足2本と犬の足4本を加えれば6脚になるわけですが、運動会のように物理的に紐で結ばれているわけではありませんが、盲導犬との歩行はハーネスを通じて心と気持ちを結んで共同作業をするという意味で、あえて「2人5脚」で歩くと表現しています。
　私たちが町中を歩くとき、障害物や車、人など様々な危険があります。また、同じ場所でも道の様子は時間帯によっても刻々と変化します。この状況に応じた対応ができるのも、盲導犬歩行のすばらしいところです。
　私たちは、盲導犬の動きやハーネスから伝わる様子を通じて、お互いに協力し合いながら、安全に快適に「歩く」という共同作業をしているのです。

## 1．盲導犬との共同訓練

　現在、盲導犬の育成は、全国にある11法人、13施設で受けることができます。盲導犬の歩行を希望される場合には、直接、盲導犬育成施設に申し込みをするか、地方自治体が行っている盲導犬給付事業に申し込みをする必要があります。ただ申し込みをすれば、誰でもすぐに取得できるわけではありません。また、盲導犬は視覚障害者を安全に誘導するための訓練は受けていますが、

残念ながら、最初からスピーディーに歩くことは困難です。一緒に歩くには、１頭目が４週間、２頭目以後でも最低２〜３週間の宿泊を含めた訓練が必要となります。車の免許は一度取得すれば講習を受ければ済みますが、盲導犬は生き物ですからそうはいかないのです。

盲導犬への指示語は決まっていますが、最初はお互いに何を言っているか、意思疎通すらままなりません。本当の意味でのパートナーになれるのは早くても半年から１年ぐらいはかかります。

## ２．盲導犬との社会参加を阻害する現実

私たちは盲導犬と一緒に様々なところに出かけます。電車や飛行機、船などの盲導犬同伴が認められています。学校や職場、ホテルや飲食店にも出かけます。しかし、困ってしまうのが飲食店やタクシーなどの「利用拒否」です。もちろん「身体障害者補助犬法」があり、盲導犬のほかに、肢体不自由者を支える「介助犬」、聴覚障害者を支える「聴導犬」は、その使用者が衛生面や仕付け面で適切に管理することを条件に、様々なところに同伴することが法的にも認められています。ところが、まだまだ社会的な認知度が低いのか、特に飲食店などで利用拒否をされてしまうことがあるのです。補助犬の利用拒否は人権侵害にもあたります。言うなれば、補助犬は私たちの体の一部なのです。

## ３．２人５脚の見守りのお願い

前述の通り、利用拒否の問題は現存しますが、それでも筆者が盲導犬と歩き始めた25年ほど前から比べれば、環境は確実に良くなっています。社会の盲導犬についての認知度も上がってきていると思います。それでも私たち視覚障害者にとっての外出は、危険と隣り合わせです。信号機の判断も、犬は色盲ですから、私が周囲の音や人の動きを感じて、盲導犬に渡るように指示しているだけです。が、最近、エコカーの普及で、車は静音性が高く、その存在すら気がつかないこともあります。

情報の8割以上が視覚から得られていますので、視覚障害者を別名、情報障害者とも言います。私たちは、周囲の様子を、音や臭い、触覚や足の裏など、第6感も総動員しながら感じ取るようにはしていますが、それだけでは十分とは言えません。現実としてはいつも危険と背中合わせに生活しているのです。そのため、周囲の理解と協力が不可欠なのです。もしも町中で困っている視覚障害者を見かけたら、「何かお手伝いしましょうか？」の声がけを是非よろしくお願い申し上げます。そして、障害者の社会参加を支える盲導犬を社会全体で受け入れ、「笑顔」で見守っていただければと願っています。

## Ⅴ　視覚障害者を取り巻く制度

　視覚障害については、さまざまな定義があります。ここでは身体障害者福祉法によって規定されている「視覚障害」を基本として、話を進めていきます。

　法律では、その方の視力・視野に焦点をあて、矯正をしても一定の視力・視野が確保されていない場合に「視覚障害」と呼び、見えにくさ・見えなさの程度に応じて「身体障害者手帳」の等級も決められます。この「身体障害者手帳」は、今後、障害に係る様々なサービスを受ける際の入り口的役割を果たしていますので、これを持っている（「視覚障害」と認定される）のはとても重要なことになります。

　ただ、税金の控除や交通費の割引などはこの手帳を持っていればいいのですが、たとえば歩行訓練や生活訓練を受けたいと思うときや、一緒に外出する際にガイドヘルパーを利用するには、「障害福祉サービス受給者証」を役所に発行してもらわなくてはなりません。病院にかかるときに保険証が必要なことと同じことです。その受給者証を、歩行訓練や生活訓練を提供したり、ガイドヘルパーの派遣をする業者に示してサービスを受けることができるようになります。なお、この受給者証を発行してもらうには、自治体から、指定特定相談支援事業所によるサービス等利用計画の作成を指示されます。

　一方、そうした手順を踏まなくても、訓練を受けることができる場合もあります。たとえば、今回取り上げる歩行訓練は、「障害者総合支援法」という法律の中にある、「機能訓練」を提供する施設で受けることが可能ですが、全国どこにでもそうした施設があるわけではありません。むしろ多くの自治体には、そうしたサービスはないと言っても言い過ぎではありません。そこで、地域によっては、当事者団体や任意の団体が歩行訓練を実施していることになりますが、その場合には、「障害福祉サービス受給者証」は必要ありません。

そのほか、視覚障害に伴う不便さを解消したり、減らしたりするための支援機器も身体障害者手帳を持っていることで、負担金が少なく手に入れることができます。たとえば、音声時計や音声体温計、拡大読書器といったものがその例です。これらは日常生活用具と言い、自治体によって、多少対応している種目に違いがありますので、該当しているかどうか確認が必要です。

　さらに、補装具といって、同じ支援機器の中でも、それを使用する個々人に合わせた処方が必要なものがあります。白杖であったり、保有視覚の有効な活用につながる遮光眼鏡や矯正眼鏡などがその例となります。こちらの場合は、白杖以外は医師の意見書が必要になります。

　日常生活用具にしろ、補装具にしろ、詳細は自治体で確認することができます。生活の質の向上を目指す上で、支援機器の有効な活用も必要です。

　ほかにも障害者手帳を持つことによって利用できるサービスは少なくありません。また、経済的な側面を考えたときは、障害年金や傷病手当金などの利用も必要になります。ただ、こちらは障害者手帳とは違った制度ですので、手帳の有無には関わりありません。

　以上のような身体障害者手帳の制度を含め、こうした制度は、すべての当事者の方に周知されていない事実もあり、知らないままに日々の生活を送っている場合もあります。制度の周知の問題は、今なお取り残されている大きな問題です。

# VI　見えずとも歩み続ける私たち

　視覚障害は、見え方の程度によってロービジョン（弱視）と、ブラインド（全盲）の二つに分けることができます。その大多数の方はロービジョンですが、視力が弱いというだけでなく、視野が欠けていたり、色がわかりにくかったり、明るさに影響されたりと、個々人の見え方はそれぞれ異なります。一方のブラインドは、光を感じる程度の光覚から、まったく光を感じないまでの障害を言います。私自身、生まれつきのロービジョンで過ごしてきましたが、ここ6年ほど前からさらに視力が下がりだし、現在、徐々にブラインドへと移行しているところです。

　さて、視覚に障害のある私たちが日常的に感じる不自由には、移動の不自由、読み書きの不自由、生活上の不自由があります。このコーナーでは、主に移動の不自由を中心に、皆さんに知っておいていただきたいことやお願いしたいことを、エッセイ風にあるいはQ&A形式で書かせていただきました。

## 1．初めて視覚障害者に接するときに

（1）相手の方が視覚障害者だからといって、特に身構える必要はありません。とは言っても、あなたの顔や姿も見えていませんので、出会ったときに「こんにちは」などと声をかけたり、話をしているときに、声で相槌を打ってもらえると大変話しやすいです。黙っていると、何となく無視されているような気がしてしまいます。それから、たとえばレストランなどで席を離れるときは、「ちょっと席を外しますね」と言ってください。でないと、空席に向かって話しかけてしまうなんてことが時々あるんですよ！

（2）普段使っている言葉で、気をつけてもらいたいものがあります。それは、「あっち」や「それ」、「向こう」などの指示語です。私たちにはその指先が見えていません。位置や方向を伝えるには、「右斜め前」とか、「時計の針でいえば10時の辺りですよ」などと具体的に言ってください。

ただし「こちらですよ！」だけは、あなたの声がするのでわかります。それから、白杖で歩いている人につい言ってしまうのが「危ない！」です。本当に危険ならばかまいませんが、危ないでは、どんなに危険な状態なのか、怯えるばかりです。そのようなときには、「ストップ」とか「止まって！」と言った後で、「前に柵がありますよ」などと言えばいいわけです。

（３）私たちは、物をすぐに使えるように、身の回りの物の位置はできるだけ覚えるようにしています。ですので、使った物は必ず元の位置に戻してください。やむなく置き場所を変える場合は、その位置を知らせてください。

（４）その人の見え方や環境によっても異なりますが、私たちは、工夫したり、繰り返し練習することで、さほど不自由なく生活しています。もちろん晴眼者（健常者）の目を少しお借りすることもありますが、家事全般はもとより、子育て、買い物、身だしなみ、パソコン操作、個人的なことで恐縮ですが、私の趣味は、囲碁とゴルフです。さらに、最近では画面に何の印もないスマートフォンを、軽やかに使いこなしている人も増えています。このようなことを話題にしたいと思っても、こちらから話しかけることは難しいので、是非、皆さんのほうから気軽に声をかけてくださいね。

## ２．私たちと一緒に歩くときに（Q＆A）

Q１　白杖で一人歩きしている人を見かけたら？

A１　その方がスムーズに歩いているようなら、温かく見守っていてください。不安そうにしていたり、駅ホームや踏切、横断歩道、音のやかましい工事現場などの危険な所では、「何かお手伝いしましょうか？」と声をかけてくださるとうれしいです。

Q２　歩くお手伝いをするには、それなりの知識や技術が必要ですか？

A２　ガイドヘルパーという資格を得るには一定の講習を受けな

くてはなりませんが、初めての方でも、以下のことを理解していただければ一緒に歩くことができます。

（１）声をかけてみて、「お願いします」という相手の方の意思を確認してから始めてください。

（２）まずは行き先を尋ね、あなた自身がどこまで案内できるかをはっきり言ってください。

（３）私たちは、右肘につかまって歩きますので、まずはあなた自身の右腕がこちらの手に触れるように差し出してください。つかまったら右腕を「気をつけ」の姿勢にします。背が高い方なら、手を肩に乗せてもいいです。なお、右側が危険であれば、当然その立ち位置を変えてください。

Q３　歩くときに気をつけなければならないことはありますか？

A３　以下のことだけは、常に頭において歩いてください。

（１）介助歩行するときは、足元だけでなく、私たちの体全体の幅まで気を配ってください。また、観光地や木の枝が多いような所では、頭の上のほうもお忘れなく。

（２）階段や段差の所では、その直前で止まり、上るか下るかを必ず教えてください。その上であなたから先に１歩進み始めます。なお、数えられるくらいの階段は、あえて「階段を何段か上がります」と言ってください。段差の１段以外は段数はいいません。なぜって、数える基準が人によって違ったり、数え違いがあるからです。

（３）踊り場や、階段が終わる所では、足を着けたと同時に「踊り場です」とか、「これで階段は終わりです」と言っていただければ助かります。

（４）ちょっとした段差やスロープであれば、そのことを伝えながら、そのまま歩き続けてください。スピードを少し緩めるくらいで、その都度止まる必要はありません。

Q４　そのほかに、気をつけなければならないことはありますか？

A４　①私たちの肩や背中を押して誘導したり、手を引っ張ったり、白杖を握って、それで位置を教えることはしないでくだ

さい。とても不快ですし、恐怖さえ覚えます。また、白杖は、常に足下を確認するための私たちの目なのです。

②私たちは、カメラのシャッター音がするだけで、とても不安になります。それは、何を撮られているのかがわからないからです。当たり前のことですが、私たちを写すときは、一言声をかけてくださいね。

Q5　盲導犬を見かけたときに、気をつけなければならないことはありますか？

A5　盲導犬は、ハーネスを着用しているときは、視覚に障害のあるユーザーの目の代わりになっています。言ってみれば、勤務中なので、以下の点にご配慮ください。

①ハーネスをつかんだり、触れたりしないでください。

②盲導犬には、食べ物を与えないでください。

③盲導犬の名前を呼んだり、視線を合わせないでください。それは、気が散って、本来の仕事に差し支えることがあるからです。

④可愛い盲導犬のほうに目が行きがちですが、歩いているユーザーには話しかけてもかまいません。

## 3．普通はあり得ない、あり得る話

日常生活の中では、絶対にあり得ないようなことを、私たちは、数え切れないほどあらゆる所で体験しています。できれば胸の中にしまっておきたいことや、忘れてしまいたいことも沢山ありますが、それらのうちのほんの一部を紹介したいと思います。一場面ずつ、目を閉じて想像してみてください。

（1）ここは、にぎやかな国分寺駅のホーム上の立ち食いそば屋です。私は一人でその店に入り、そばを注文しました。しばらくして、とてもいい匂いのどんぶりが前に置かれました。七味唐辛子が好きな私は、たまたま手に触れた円い容器を手に取り、何回か振ってそばを口に運びました…。が、何とそれは爪楊枝交じりのそばだったのです。もちろんそんな物は食べられるはずがありません。やむなく注文して食べ直しま

したが、そのときに顔が真っ赤になったのは七味唐辛子の辛さどころではありませんでした。

（２）携帯電話に送られて来るメールは、音声で聞けますし、こちらが入力する文字は漢字が特定できるように一文字ずつ説明してくれます。しかし、かなり以前の携帯電話には、入力した漢字を特定できる説明はありませんでした。そんな時代のことです。

　車で親戚のお宅へ向かう途中のことです。携帯電話で、「いま交通事故で渋滞です。なので、何時頃に到着するかわかりません！」というメールを送信しましたが、相手先は大騒ぎ…。なぜって、「渋滞」が「重態」となっていたからです。文章を冷静に読めばわかることですが、驚くのも当然ですよね。

（３）一人で乗り込んだ高層ビルのエレベーターの中です。扉の右側にある階数ボタンに触れました。縦に２列、上から下まで数え切れないほどのボタンが並んでいます。目的地は17階ですが、点字表示されていないのでどのボタンかいっこうにわかりません。そうこうしているうちに扉が閉まり、上昇し始めました。目を近づけ、よく見ると、オレンジ色のランプがたくさん輝いているではありませんか。そうです、このボタンは、触れるだけで反応してしまうもの。何階かまったくわからないまま何度も停止するのですが、各フロアは暗く静かで、乗ってくる方も誰もいません。時間が経てば経つほど気持ちが焦ります。こんな都会で、遭難したかのような恐怖感を味わうとは思いませんでした。

（４）ひっそりとした昼間のビルの中、広いフロアにはまったく人の気配がありません。いつもであれば、誰も乗っていないエレベーター。しばらく待って扉が開いたと同時に、一歩踏み込んで左側にある操作ボタンへと手を伸ばしました。そのとたん、「キャー…！」。そうです。そこには若い女性が立っていたんです。相手から見れば、その手の動きはまさにセクハラそのもの。もちろん、その女性が驚くのはわかります

が、こちらだってびっくりです。その後は…？　当然、白杖を持っていたので、一件落着ということになりました。

（５）ここは、初めて利用するトイレの個室の中です。用を足して水を流そうと、水洗用のレバーやスイッチを探しました。右の壁面、左の壁面、後ろ側のタンクがありそうな周辺、どこを探してもまったく見当たりません。かなりの時間探したあげく、「もうどうにでもなれ！」という気持ちで便座から立ち上がったとたん、まるで人をからかっているかのように勢いよく水が流れるではありませんか。最初から自動で流れることを知っていれば、こんなに嫌な思いをせずに済んだのに…！

（６）通夜に参列する日のことです。通勤途中、ご霊前の封筒を買いにコンビニに寄りました。対応してくれたのはかなり若い店員さん。どこかの商品棚から探し出し、「これでよろしいでしょうか？」と聞かれてもこちらには確認するすべがありません。「はい、結構です」と、レジを済ませて職場へと向かいました。夕方、仕事を終えて同僚に今朝買った封筒に代筆を頼みました。もちろん快く記入してくれます。そんなときに何気なく、「やっぱりお通夜に行くのって気が重いよね！」とつぶやくと、「えっ、ちょっと待って！　これってご祝儀用の封筒だよ！」と。何も知らずに、先ほどの封筒を受付に差し出していたとしたら…！！背筋がぞっとします。

## ４．駅ホームからの転落事故

　この程、都内の地下鉄の全路線、全駅にホームドアが設置されることになったというニュースを聞きました。ＪＲでも、山手線を中心に徐々に設置されています。私たち視覚障害者にとっては、夢のようなありがたい話ですが、全国的にはまだまだ僅かですし、転落事故は跡を絶ちません。ここでは、ホームに点字ブロックが敷いてあるにも関わらず、勝手な思い込みやちょっとした気の緩みで命に関わるような転落事故が起きてしまう、そんな実例を紹介させていただきます。

（１）かなり以前のことですが、その頃は少し見えていた私がガイドする側の立場になることがありました。そのときは、全盲の方に私の右肘の辺りをつかまってもらい、二人で歩いていました。
　私にとって初めての地下鉄丸ノ内線、南阿佐ケ谷駅です。ここは駅ホームと並行して改札口があります。それはすぐ前に停車している列車のモーター音でわかりました。私たちは、改札口を通過し、何の疑いもなく車両へ乗り込もうと、そのまま前へ３、４歩進みました。たった３、４歩ですよ。そのとき、二人そろって突然宙へ舞ったのです。実は、乗り込もうとした車両は、線路の向こう側に停車していた列車だったのです。このときは、幸いにして二人とも打撲くらいの怪我で済みました。なお、現在、この南阿佐ケ谷駅には、ホームドアが設置されていますので、転落事故は起こり得ません。
（２）地方への出張を終えて、間もなく自宅への最後の乗り換え駅の少し手前で席を譲られました。好意は無にしてはならないという気持ちで座らせていただきました。疲れもあったのか、うとうとしてしまい、降りるべき所沢駅を一駅過ぎてしまったようです。降りた駅は片側ホームなので、徐々に安全な壁側に寄りながら階段に向かって進みました。白杖をつく音も壁から反射して聞こえてくるので安心です。が、そのとき、突然足下の地面が消えたのです。なぜでしょう…？実はそこは乗り換え駅から二つ目の新所沢駅だったのです。後で現場を確認したところ、この駅は、両側に線路がある島ホームで、しかも、線路の向こう側には壁があったのです。このときは、左手首を複雑骨折しただけで済みました。

　1973年２月１日、まだ点字ブロックが敷かれていない高田馬場駅のホームから、線路に転落した上野孝司さん。残念なことに、電車にはねられて亡くなりました。この事故を家族と多くの視覚障害者が告発し、「上野裁判」として10年以上闘いました。１審では原告側が勝訴しましたが、２審では当時の国鉄側が、「視覚

障害者が安全に利用できるよう努力する」と表明したことで和解となりました。「視覚障害者が一人で歩く権利」が公に認められたのです。この裁判を機に、点字ブロックが全国の駅ホームや街の中に敷設されるようになったことを、私たちは、決して忘れることはありません。また、近年、全国の鉄道会社では、乗り換えを含めて目的地の改札口まで安全に誘導する体制が取られています。連絡などで多少の時間がかかることはありますが、このようなサポートは大いに活用していきたいものです。

　最後に、最近、一人で白杖を使用して歩いていると、周りの方から声をかけられたり、手を差し伸べていただくことが増えているように思います。人の優しさを感じる一瞬です。街の中にはいろいろな困難や危険が待ち受けていますが、私たちは、こうした皆さんの優しさに見守られながら、見えずとも何とか歩み続けていられることを、改めて強く感じています。この場をお借りして心から感謝申し上げます。ありがとうございます。

# 監修の言葉

　本書は、点字ブロック・白杖・盲導犬について解説されていますが、これらは、視覚に障害がある皆さんが、円滑な移動を確保するために必要な設備や手段なのです。歩行の際に使う白杖は、前方の障害物を検知するとともに、線状ブロックをたどるためにも用いられています。何かを伝いながらの歩行は、何も伝わない場合に比べて、心理的なストレスが小さいこともわかっています。

　同様に、盲導犬と白杖による歩行を比べると、盲導犬のほうが、心理的ストレスは小さいと考えられています。それは、近い範囲ですが、盲導犬が進路と安全を確保してくれるからです。しかしながら、ユーザーの期待と、盲導犬の行動にずれがあると、混乱し、その回復のために心理的ストレスは一気に増大する可能性があります。盲導犬は決してスーパードッグではないという理解がユーザーおよび社会に必要でしょう。

　この本には、さらに単独移動中の視覚障害にまつわる様々な経験が記されています。そのなかには、晴眼者（健常者）からみると、思いもよらないことが移動の際の困難の原因になっている場合があり、ハッとさせられます。点字ブロック、白杖、および盲導犬については、晴眼者（健常者）はもちろんのこと、視覚障害当事者でも役割や使い方を知らない場合があります。本書が広く読まれることで、理解が促進され、誰もが安心で安全な生活を送れる社会になることを望んでいます。

成蹊大学理工学部<br>
教授　大倉元宏